Mosaïque
facile

Mosaïque *facile*

Susan & Martin Penny

Le Temps Apprivoisé
18, rue de Condé
75006 Paris

Première publication en Grande-Bretagne en 1999 chez David & Charles
sous le titre *Mosaics made easy*

Édition française :
Traduction de l'anglais : Odette Vigoureux

Dépôt légal : 3e trimestre 2000
ISBN : 2-283-58437-X

Responsables d'édition : Susan & Martin Penny
Maquette : Penny & Penny
Illustrations : Fred Fieber (Red Crayola)
Photographies : Jon Stone

Imprimé en Italie par : LEGO SpA

Sommaire

Introduction

Mosaïque facile est un guide complet sur cette technique : des matériaux de toutes sortes ont été utilisés pour les objets présentés, dont des coquilles d'œuf, des coquillages, du bois, des carreaux de faïence et de la porcelaine cassée, mais aussi, pour un travail rapide, des morceaux de papier et de la peinture.

Fournitures de base

Voici une liste de quelques-unes des fournitures nécessaires pour réaliser une mosaïque :

- **Papier-calque** – pour faire un patron du motif.
- **Crayon tendre** – pour reporter les lignes d'un motif sur le bois.
- **Stylo à encre de Chine** – pour dessiner un motif sur des surfaces lisses.
- **Brosse à poils souples** – pour traiter le bois et passer le vernis.
- **Pinceau** – pour étaler la colle en pâte prête à l'emploi et la peinture.
- **Papier absorbant** – pour nettoyer le matériel.
- **Éponge douce** – pour retirer l'excédent de joint.
- **Chiffon** – pour lustrer après la pose du joint.
- **Couteau-stylet** – pour couper les "tesselles" de mosaïque en bois.
- **Bol** – pour mélanger la colle et le joint.
- **Marteau** – pour casser la céramique.
- **Gants de caoutchouc** – pour protéger les mains en coupant les tesselles en verres ou en posant le joint.
- **Masque** – pour protéger les yeux en coupant les carreaux ou en cassant la porcelaine.
- **Bâtonnet en bois** – pour nettoyer le joint sec sur les pièces de mosaïque en verre.
- **Brosse à dents** – pour nettoyer le joint sec sur les pièces de mosaïque.
- **Spatule** – pour étaler la colle et le joint.
- **Pots en verre** – pour séparer les pièces de mosaïque en différentes formes et couleurs.
- **Pince à tailler** – pour couper les pièces en verre et leur donner une forme.

Les ciments et les colles

Voici quelques-uns des produits à utiliser pour fixer les pièces de mosaïque. Compte tenu des deux surfaces que vous allez assembler, demandez-vous si le produit choisi sera une fixation assez solide.

- **Colle à carrelage :** une poudre que l'on mélange avec de l'eau pour obtenir une pâte épaisse qui doit être étalée à la spatule.
- **Ciment-joint** – une poudre mélangée et utilisée comme la colle à carrelage mais qui peut aussi servir de joint.
- **Colle carrelage en pâte** – substance blanche et collante à appliquer au dos des pièces de mosaïque avec un pinceau; à utiliser uniquement sur des petites surfaces.
- **Colle PVA** – s'utilise lorsque les tesselles de mosaïque sont légères, par exemple en coquilles d'œuf, en plâtre ou en bois.
- **Gel silicone** – pour coller les pièces en verre ou en acrylique sur un récipient en verre ou en plastique; appliquez avec un bâtonnet en bois directement depuis le tube. Devient transparent en séchant.
- **Colle à bois** – pour fixer des pièces en bois sur une surface en bois ou en carton.
- **Colle vernis pour découpage** – pour fixer les pièces en papier lors du montage d'une fausse mosaïque.
- **Colle époxy** – pour fixer des objets ronds et durs, des pierres par exemple, sur une surface verticale lorsqu'on a besoin d'une prise rapide.
- **Ciment** – utilisé pour les mosaïques d'extérieur avec des pierres et des coquillages.

Précautions indispensables

- ✔ Portez toujours un masque lorsque vous coupez des carreaux ou de la porcelaine.

- ✔ Cassez la céramique sous une serviette.
- ✔ Le joint est irritant pour les yeux et les mains, aussi portez des gants en caoutchouc.
- ✔ Le gel silicone dégage une forte odeur et peut irriter les yeux et la peau, travaillez dans une pièce ventilée et protégez-vous.
- ✔ La porcelaine cassée possède des arêtes très tranchantes, aussi maniez-la avec précaution.

Trucs pour préparer les surfaces

- ✔ Poncez le bois avec du papier de verre fin.
- ✔ Les surfaces doivent être propres avant de poser les pièces de mosaïque.
- ✔ Lavez et séchez la porcelaine et le verre pour retirer le gras et la poussière.

- ✔ Traitez les surfaces en bois avec un mélange d'eau et de PVA avant de poser la mosaïque.
- ✔ Peignez les surfaces qui ne seront pas recouvertes de mosaïque avant de commencer.

Différentes sortes de mosaïque

La plupart des matériaux peuvent être transformés en mosaïque si ils ont une face plane pour les coller sur une base. En voici quelques-uns.

- **Carreaux de pâte de verre**
  Vendus en vrac ou déjà collés prêts à l'emploi sur une feuille de papier, avec les espacements nécessaires. Le papier est fixé sur l'endroit des carreaux et ne sera retiré que lorsque les carreaux seront collés à leur emplacement.
  A couper avec une pince à tailler.
  Portez un masque de protection lors de la coupe.
  Rendent mieux collés sur une surface solide en bois.
  Fixation : colle à carrelage, ciment joint ou, pour les petits motifs, colle carrelage en pâte.
- **Carreaux de cuisine ou de salle de bains cassés**
  Cassez les carreaux de faïence sous un chiffon, à l'aide d'un marteau.
  On ne contrôle pas la forme des pièces.
  Fixation : colle à carrelage, ciment joint ou, pour les petits motifs, colle carrelage en pâte.
- **Porcelaine cassée**
  On peut utiliser de la porcelaine cassée ancienne.
  Cassez-la sous un chiffon à l'aide d'un marteau.
  On ne contrôle pas la forme des pièces.
  Fixation : colle à carrelage, ciment joint ou, pour les petits motifs, colle carrelage en pâte.
- **Pièces en verre ou acrylique**
  Donnent un effet décoratif de joaillerie.
  Rendent mieux collées sur du verre ou du plastique.
  Fixation : gel silicone.
- **Pièces en plâtre**
  Préparez vos motifs dans un micro-ondes.
  Découpez les formes avec des ciseaux.
  Préparez et mélangez vos propres couleurs.
  Fixation : colle carrelage en pâte.
- **Coquilles d'œufs**
  Donnent un effet intéressant "d'aspect cuir".
  Lavez-les pour retirer la membrane et les saletés.
  Utilisez des œufs de poule, canard, oie ou caille.
  Protégez la surface terminée avec un vernis.
- **Pièces en bois**
  On trouve des formes prédécoupées en balsa.
  Peignez et appliquez sur du bois ou du carton.
  Découpez vos propres formes dans du balsa.

Préparer les surfaces

Pour assurer une bonne prise entre la mosaïque et la base, la surface doit être propre et exempte de toute saleté ou peinture écaillée. Poncez les surfaces en bois et traitez avec une couche de vernis avant d'appliquer les pièces de mosaïque. Reportez le motif avec ou sans patron directement sur le panneau de base, à l'aide d'un crayon tendre.

Traiter avant la pose

Traitez le MDF et toutes les surfaces en bois avant de coller les pièces de mosaïque avec un mélange de colle PVA (1 vol.) et d'eau (3 vol.). Laissez sécher une nuit avant de poursuivre.

Peindre les surfaces

Poncez puis peignez (peinture décoration ou acrylique) toutes les surfaces en bois qui ne seront pas recouvertes de mosaïque. Retouchez si besoin après la pose des pièces de mosaïque.

Reporter le motif

Faites un patron du motif sur du papier blanc avec un crayon tendre. Découpez-le puis placez-le sur le bois. Dessinez autour du patron pour tracer le contour de la mosaïque.

Dessiner à main levée

Avec un crayon tendre, tracez des lignes sur le bois à main levée ou servez-vous de formes comme un bouchon de bouteille. Dessinez des formes simples, sans angles vifs qui seraient difficiles à remplir.

Couper et Coller

On peut utiliser nombre de matériaux différents pour la mosaïque, et il existe de nombreuses façons de placer les pièces pour créer formes et motifs variés. Une fois fixées sur la base, les pièces doivent être jointoyées.

Utiliser des pièces en verre

1 Appliquez du gel silicone sur l'envers des pièces en verre. Assurez-vous que l'envers est parfaitement recouvert sinon le joint coulera au dessous et elles perdront leur transparence. Espacez-les de 2-3 mm, en les plaçant au même niveau et appuyez fermement en place.

2 Étalez le joint sur les pièces en verre, en le poussant bien dans les interstices. Essuyez l'excédent avec un chiffon humide, puis lissez avec le doigt la surface du joint.

Utiliser des pièces en plâtre

1 Préparez une pâte avec du plâtre, du colorant et de l'eau chaude, puis versez-la dans un moule. Laissez sécher 1h à 1h30 puis démoulez sur du papier absorbant. Cuisez 3 mn au micro-ondes réglé au minimum; attendez 1 mn; cuisez 3 mn. Laissez refroidir.

2 Lorsque c'est sec, découpez des pièces de formes variées avec des ciseaux. Collez sur la base, puis traitez les pièces avec un vernis acrylique. Posez le joint, nettoyez les traces et vernissez.

Couper les carreaux

Portez toujours un masque pour couper des tesselles en verre ou des carreaux car des éclats peuvent jaillir dans toutes les directions. Tenez un carreau par un bord entre le pouce et l'index. Du côté opposé, placez la pince à tailler en empiétant d'un quart : tordez fermement afin de casser le carreau.

Coller les carreaux

Collez les pièces avec de la colle à carrelage ou du ciment joint. Mélangez la poudre avec de l'eau et étalez-la en couche épaisse sur la base, positionnez les pièces en les enfonçant dans la pâte. Ou alors, positionnez les pièces sur la base, puis soulevez-les une par une, en enduisant l'envers avec la colle avant de les replacer.

Le montage sur papier

1 Découpez une forme comme votre base dans les carreaux montés sur papier. En laissant la feuille de papier, posez les carreaux face à vous sur le plan de travail, puis retirez délicatement certaines pièces pour former un motif. Étalez 3 mm de colle à carrelage, de ciment joint ou de colle en pâte sur la base puis posez les carreaux sur la colle, le papier vers le haut.

2 Avec un couteau stylet, découpez le papier aux emplacements où vous avez retiré des carreaux. Étalez de la colle sur l'envers de carreaux d'une couleur différente puis placez-les dans les espaces. Continuez à ajouter des carreaux jusqu'à ce que tous les trous soient remplis. Mouillez le papier puis retirez-le avant de jointoyer.

Utiliser des pièces en papier

1 Découpez du papier peint et du papier-cadeau en formes diverses. Dessinez le motif sur l'assiette avec un stylo à encre de Chine. Placez les pièces en papier sur l'assiette en laissant 3 mm d'intervalle. En commençant par le centre du motif, posez les pièces une par une puis fixez en place avec de la colle vernis pour découpage. Lissez les bulles puis essuyez l'excédent de colle.

2 Passez une couche de colle vernis sur la surface de l'assiette, puis laissez sécher. Pour donner un effet de relief à la mosaïque, recouvrez chaque pièce de vernis relief : passez la pipette tout autour puis remplissez le centre, en laissant le liquide se répandre jusqu'aux bords.

Utiliser de la porcelaine cassée

1 Placez la porcelaine cassée ou les carreaux dans un sac solide en papier ou des journaux pliés. Mettez un masque; cassez la porcelaine avec la partie métallique d'un marteau pour la briser en petits morceaux. Vérifiez la taille des pièces et si nécessaire renouvelez l'opération. Triez les pièces dans des récipients en retirant toutes celles qui sont abîmées ou ébréchées.

2 Pour un grand motif, prenez de la colle à carrelage ou du ciment joint pour fixer les pièces de porcelaine; pour les petits projets, étalez une colle carrelage en pâte sur la base, ensuite appliquez-en sur l'envers des pièces, avant de les appuyer en place. Retirez l'excédent de colle puis laissez sécher avant de jointoyer.

Utiliser des coquilles d'œuf

Lavez et séchez les coquilles d'œufs. Etalez un peu de colle PVA dans la partie évidée d'un pochoir. Cassez un morceau de coquille grand comme un ongle et posez-le sur la colle. Appuyez sur la coquille avec le doigt pour la casser, puis avec la pointe d'un cutter, écartez les fragments de coquille pour les séparer. Une fois sec, vernissez.

Réaliser une fausse mosaïque

Utilisez de la pâte adhésive double-face en plaque pour réaliser des tampons qui simuleront des pièces de mosaïque. Coupez la plaque en carrés; retirez la pellicule de papier d'un côté et fixez les carrés sur un bloc en bois ou un carton. Retirez l'autre pellicule papier et appliquez de la peinture sur chaque carré, puis tamponnez.

Utiliser des cailloux

Collez des cailloux d'aquarium en place avec de la colle époxy à deux composants. Une fois mélangée, la prise de la colle est très rapide. Étalez la colle sur la base puis utilisez un bâtonnet pour pousser les cailloux en place en laissant entre eux des intervalles d'environ 3 mm. Une fois sec, jointoyez entre les cailloux.

Utiliser des formes en bois

Peignez des pièces de mosaïque en bois de balsa avec deux couches de peinture acrylique. Utilisez ensuite de la colle PVA pour les fixer sur la base. Protégez la surface des formes avec une couche de vernis incolore ou d'imperméabilisant. Jointoyez entre les formes, puis retirez l'excédent de joint. Poncez les marques, retouchez la peinture puis vernissez.

Poser le joint

Le joint est une pâte obtenue en mélangeant de la poudre avec de l'eau, la poudre est vendue en blanc ou en noir et peut être teintée avec un colorant en poudre ou liquide. La pâte est utilisée pour remplir les espaces entre les pièces de mosaïque, elle donne une surface uniforme tout en formant un collage solide entre les pièces et la base.

Préparer et colorer le joint

Mélangez de l'eau au joint en poudre, pour obtenir une pâte épaisse. Si vous utilisez un colorant en poudre, ajoutez-le avant l'eau, pour un colorant liquide, ajoutez-le après.

Poser le joint

Portez toujours des gants en caoutchouc pour poser le joint car il est irritant pour la peau. Étalez à l'aide d'une spatule plate, d'un bâtonnet en bois ou du doigt en appuyant à fond entre les espaces.

Retirer le joint en excédent

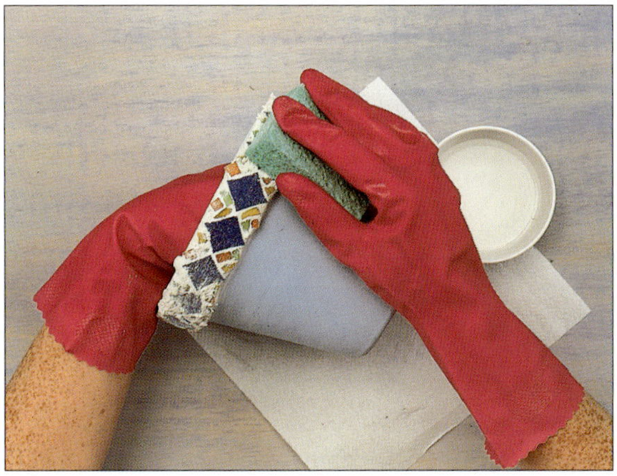

Avant que le joint soit sec, nettoyez plusieurs fois de suite la surface de la mosaïque avec une éponge humide. Rincez régulièrement l'éponge jusqu'à ce que le joint en excédent soit parti.

Lustrer la mosaïque

Une fois presque sec, frottez la surface des pièces de mosaïque avec un chiffon doux pour retirer les résidus. Laissez sécher complètement avant de frotter à nouveau la surface pour la faire briller.

Table d'été

Lorsque le soleil brille et que le ciel est bleu, il n'est pas de plus agréable façon de profiter de l'été que de manger dehors. Cette jolie table de petit-déjeuner, ou de pique-nique, durera longtemps et donnera un air de fête aux mets les plus simples.

Ce motif peut être adapté pour toutes tailles ou formes de table. Pour une grande table de salle à manger, ajoutez des pots de fleurs et allongez la bordure; pour une table plus petite, dessinez juste un ou deux pots.

Matériel nécessaire

- 46 x 61 cm de MDF en 12 mm d'épaisseur ou découpé à la dimension du dessus de table
- Pot en terre cuite
- Carreaux en pâte de verre : 150 bleu foncé, 70 jaune, 70 orange, 60 vert foncé, 70 vert anis, 120 bleu clair, 230 bleu ombré
- 2,5 kg de ciment joint blanc
- Colle PVA
- Peinture décoration : blanc et bleu
- Pince à tailler et pinceau
- Crayon, règle, papier blanc et ciseaux
- Petit racloir et bâtonnet en bois
- Éponge, spatule et pinceau brosse
- Bol mélangeur, eau et petit rouleau à encrer
- Drap, journaux, masque et gants en caoutchouc

Reporter le motif

1 Reportez, au crayon sur le papier blanc, le motif des fleurs et le pot des p. 19, 20 et 21. Découpez le patron des fleurs et trois patrons du pot.

2 Repérez le centre de la table puis placez les patrons des pots et des fleurs en les répartissant sur le plateau et en positionnant le tournesol au centre de la table. Reportez le contour des patrons pour délimiter les motifs de la mosaïque.

Préparer le plan de travail

1 Recouvrez le plan de travail ou le sol avec un vieux drap ou des journaux.

2 Certaines pièces de mosaïque sont collées sur une feuille de papier : il faut les immerger dans l'eau pendant quelques minutes pour retirer le papier.

3 Portez toujours un masque de protection pour couper les carreaux en pâte de verre car ils se cassent en provoquant des éclats dans toutes les directions. Les pièces de mosaïque sont très difficiles à couper précisément : elles se brisent presque toujours près d'un défaut. Gardez toutes les pièces cassées car même les plus petits éclats peuvent servir pour garnir les espaces. Pour les couper en deux : tenez le carreau d'un côté entre l'index et le pouce. Du côté opposé, placez la pince à tailler, en empiétant d'un quart sur le carreau. Tournez la

pince d'un coup sec pour casser le carreau en deux. Renouvelez le procédé pour couper les carreaux en quatre. Pour les formes compliquées, il sera plus facile de casser le carreau à l'extrémité.

4 Traitez le plateau en MDF avec un mélange de colle PVA (1 volume) et d'eau (3 volumes), laissez sécher une nuit. Cela empêchera le ciment joint de pénétrer dans le bois.

5 Peignez l'envers et les bords du MDF avec deux couches de peinture blanche, puis laissez sécher.

Préparer le motif

1 Tous les carreaux doivent être coupés et positionnés sur le dessus de la table avant de les coller en place. Cela vous donne la possibilité de modifier le motif.

2 Remplissez le dessin des pots avec les carreaux orange et verts mais en formant des motifs différents. Coupez les carreaux avec la pince pour remplir les espaces vides.

Monter la tulipe

1 Coupez des carreaux bleu foncé et jaunes en petites tesselles. Coupez les carreaux en deux puis encore en deux pour former des petits carrés : ne vous inquiétez pas si les formes sont irrégulières car le joint remplira les espaces. Positionnez les tesselles sur le dessin de la fleur : placez des carreaux entiers vert foncé au centre des feuilles et de la tige puis garnissez avec les tesselles vert foncé et vert anis.

Monter la marguerite

1 Coupez suffisamment de carreaux bleu foncé en quatre pour recouvrir la majorité des pétales puis ajoutez plusieurs pièces jaunes au centre de la fleur. Couvrez les feuilles et la tige avec des carreaux vert foncé et vert anis.

Monter le tournesol

1 Positionnez tous les carreaux jaunes dans les pétales et remplissez les espaces avec des pièces plus petites découpées sur mesure. Ajoutez des tesselles orange et bleues pour former le centre. Prenez des carreaux vert foncé pour la tige.

Mélanger le ciment joint

1 Versez un peu de poudre de ciment joint dans un bol : il est plus facile de procéder par petites quantités car le joint sèche rapidement et devient vite impossible à travailler.

2 Ajoutez de l'eau, un peu à la fois, jusqu'à obtenir une pâte épaisse et homogène. Mélangez jusqu'à ce que toute la poudre soit mouillée et que la pâte soit sans grumeaux. Raclez le bol entre chaque période de travail et lavez-le soigneusement sinon le joint va durcir à l'intérieur.

Poser la mosaïque

1 Une fois que les carreaux sont positionnés sur la base, collez-les sur le MDF avec une des techniques suivantes.

Méthode 1

Les carreaux sont soulevés, l'un après l'autre, "tartinés" sur l'envers avec du ciment puis pressés à nouveau à leur place. Cela demande beaucoup de temps, mais vous pouvez travailler par tranches

sans vous lancer dans toute la surface à la fois.

Méthode 2

En commençant par le centre du motif, retirez les carreaux avec soin en les reposant ailleurs dans la même position antérieure. Étalez une couche de pâte, d'environ 6 mm d'épaisseur, sur toute la surface du motif puis replacez les carreaux un par un en appuyant fermement dans le ciment.

2 En commençant avec le pot de fleurs du centre, collez les carreaux sur la base avec la méthode qui vous convient le mieux (voir plus haut). Renouvelez avec les deux autres pots de fleurs. Il est difficile de garder les tesselles au même niveau : un petit rouleau à encrer, roulé très doucement sur la surface, remet toutes les pièces au niveau. Retirez le ciment qui remonte entre les pièces lors du roulage. Au fur et à mesure de l'avancement de chaque partie, raclez l'excédent de ciment, puis nettoyez avec une éponge humide avant le séchage.

Compléter les motifs

1 Une fois que les pots de fleurs sont en place, placez la bordure en alternant un carreau bleu foncé et un carreau bleu clair.

2 Terminez le motif en remplissant le fond avec des carreaux bleu ciel ombrés, en fixant les carreaux entiers avant de garnir les espaces avec les petits morceaux. Laissez sécher quelques jours avant de poser le joint.

Poser le joint

1 Mélangez de l'eau avec le ciment joint, en formant une pâte homogène, un peu plus fluide que précédemment.

2 Appliquez le joint avec une spatule en caoutchouc ou une éponge humide, en l'étalant largement sur la surface et en le poussant dans les espaces entre les carreaux; complétez une zone d'environ 20 cm à la fois. Servez-vous de la spatule pour retirer l'excédent de joint à la surface des carreaux puis nettoyez plusieurs fois avec une éponge humide.

3 Lorsque c'est presque sec, lustrez la surface des carreaux pour retirer le joint et révéler les couleurs vives de la mosaïque.

4 Laissez sécher complètement pendant deux ou trois jours avant de lustrer à nouveau les carreaux pour les faire briller.

5 Si le ciment joint a marqué les bords peints du plateau de la table, poncez avec un papier de verre fin avant de retoucher les bords avec la peinture blanche.

Décorer le pot de fleurs

1 Mesurez le tour du rebord du pot, puis posez sur votre plan de travail suffisamment de carreaux bleu foncé en diagonale pour couvrir cette longueur.

2 Avec la pince à tailler, coupez des tesselles de carreaux vert anis, jaunes et orange. Positionnez-les sur le plan de travail entre les carreaux bleus, pour garnir les espaces.

3 Mélangez le ciment joint comme plus haut. Posez le pot sur un côté en prévoyant de travailler sur un quart du motif à la fois. Étalez une couche de 6 mm sur le rebord du pot.

4 Posez les carreaux bleu foncé à leur emplacement puis garnissez avec les petites pièces, nettoyez l'excédent de ciment joint. Renouvelez pour les autres parties. Laissez sécher.

5 Mélangez la poudre de ciment joint en une pâte homogène, comme plus haut. Avec des gants en caoutchouc, étalez le mélange sur le haut du pot, en enfonçant avec les doigts le joint dans les espaces entre les carreaux.

6 Nettoyez plusieurs fois avec une éponge humide et propre; une fois presque sec, lustrez les carreaux pour les faire briller.

7 Appliquez deux couches de peinture colorée sur les autres surfaces du pot de fleurs. S'il doit servir pour l'extérieur, traitez la surface avec un vernis.

Marguerite

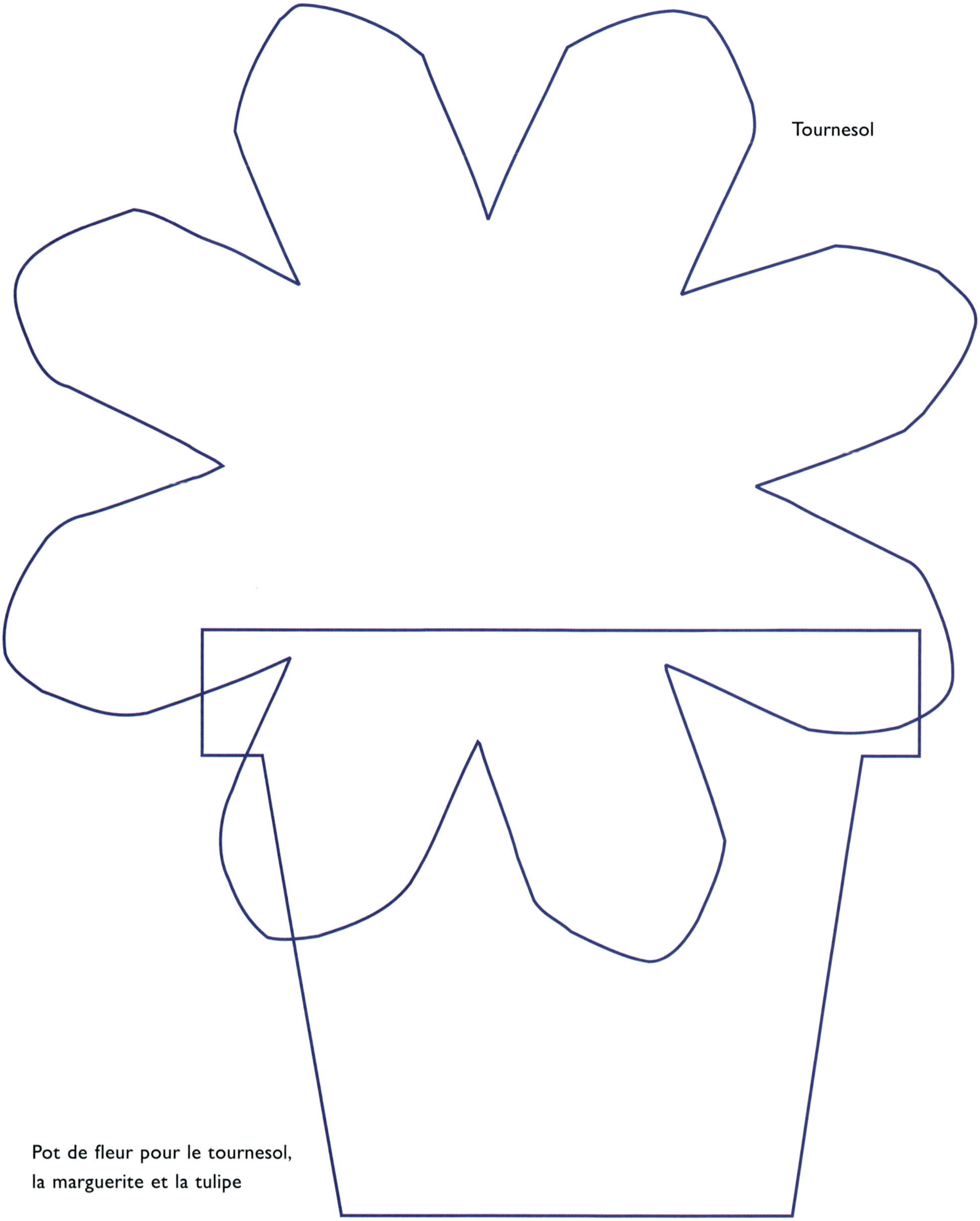

Tournesol

Pot de fleur pour le tournesol,
la marguerite et la tulipe

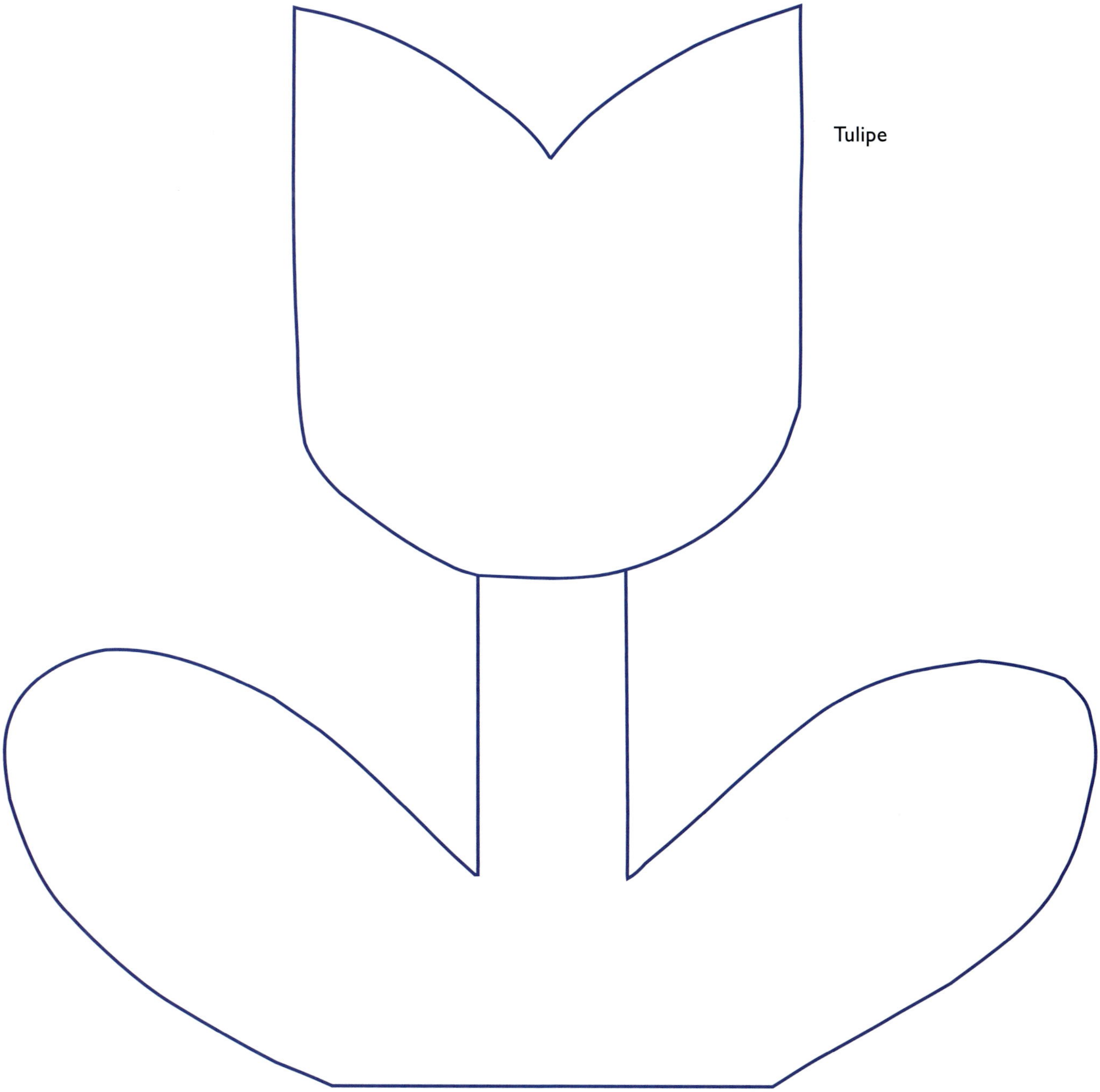

Tulipe

Tige du tournesol

Accessoires Coquilles d'œuf

Des fragments de coquilles d'œuf ont servi à créer la surface craquelée de cet ensemble de bureau en carton à l'aspect cuir. Le fond marron est réalisé avec des œufs de poule et les motifs décoratifs sont faits de coquilles d'œufs de canard et d'oie; protégez la surface avec du vernis pour une finition imperméable.

Matériel nécessaire

- Ensemble de bureau en carton lisse
- Œufs : marron clair, bleu clair et blanc
- Carton épais, papier-calque, crayon et ciseaux
- Cutter et plaque de coupe
- Colle PVA, pinceaux fin et moyen
- Vernis satiné à base d'eau
- Pâte en mousse adhésive

Préparer les coquilles

1 Cassez les coquilles et réservez les œufs pour la cuisine. Retirez délicatement la membrane à l'intérieur des coquilles, puis lavez et séchez soigneusement. La plupart des coquilles d'œuf sont adaptées au travail de la mosaïque, œufs de poule, de canard, d'oie et de caille que vous trouverez dans de nombreux magasins d'alimentation.

2 Si vous préférez des teintes plus vives, vous pouvez peindre les coquilles d'œuf, avant de les casser, avec deux ou trois couches de peinture acrylique. Laissez bien sécher avant de poursuivre.

Évider les pochoirs

1 Dessinez les motifs de la p. 25 sur le papier-calque. Posez le calque sur le carton et reportez les lignes des motifs. Posez le carton sur la plaque de coupe, puis avec un cutter tranchant, évidez toutes les formes.

Monter les motifs

1 Placez le patron en carton sur un côté de la boîte à courrier, en le tenant en place avec de la pâte adhésive. Déposez un peu de colle dans la zone évidée du patron : ne travaillez que sur des petites surfaces car la colle PVA sèche très rapidement.

2 Cassez un morceau de coquille bleu clair ou blanche de la taille d'un ongle et posez-la sur la zone encollée.

3 Appuyez sur la coquille avec le doigt pour la casser à nouveau en morceaux plus petits. Travaillez rapidement avant le séchage de la colle.

4 Avec la pointe du cutter, séparez les fragments de coquilles, cela accentuera l'aspect mosaïque.

5 Répétez le motif sur l'autre côté de la boîte à courrier en inversant le pochoir et en le remplissant avec des coquilles cassées comme avant.

6 Centrez le motif du pochoir sur le devant de la boîte à courrier. Appliquez de la colle sur les zones évidées. Travaillez une feuille à la fois car la colle sèche rapidement. Continuez à remplir toutes les zones évidées du motif.

7 Une fois que les motifs sont complets sur le devant et les côtés de la boîte à courrier, remplissez le fond avec des coquilles marron clair.

Bloc-notes et pot à crayons

1 Placez le patron en carton sur le devant du bloc-notes.

2 Appliquez de la colle dans une petite zone du patron. Appuyez un petit morceau de coquille sur la colle, en le cassant en petites pièces.

3 Avec un cutter, séparez soigneusement toutes les pièces pendant que la colle est encore humide. Renouvelez pour le pot à crayons.

Appliquer le vernis

1 Une fois que la colle sous les coquilles est sèche, prenez un pinceau moyen et appliquez cinq couches de vernis sur les coquilles. Laissez sécher pendant environ 2 h entre chaque couche.

Motif du bloc-notes.

Motif du pot à crayon et des côtés de la boîte à courrier.

Motif du devant de la boîte à courrier.

Vases transparents en verre

Ces vases étonnants seront placés devant une source lumineuse ou une fenêtre pour les faire briller. Utilisez-les pour présenter des fleurs, ou en décoration pour les fêtes de Noël. Si le récipient est en verre, vous pourrez placer une bougie à l'intérieur, ce qui donnera une lumière "magique".

Matériel nécessaire

- Vases en verre ou acrylique
- Carreaux de mosaïque en verre ou acrylique
- Perles de mosaïque en verre ou acrylique
- Gel silicone
- Joint noir
- Chiffon doux et éponge
- Eau et gants en caoutchouc
- Vieille brosse à dents et bâtonnet en bois
- Récipient pour mélanger le joint et spatule

Préparer les vases

1 Lavez soigneusement les récipients pour retirer le gras et la poussière, laissez sécher complètement. Ce projet peut être réalisé sur des vases en verre ou en acrylique, car le gel silicone fonctionne aussi bien sur les deux surfaces.

Choisir le motif

1 Séparez les pièces de mosaïque en différentes formes et couleurs.

2 Si vous formez un motif répétitif, mesurez le récipient et planifiez le décor sur un papier pour vous assurer que vous possédez suffisamment de pièces de mosaïque pour terminer le motif.

Monter le vase vert

1 Enduisez l'envers des pièces de mosaïque avec du gel silicone. Veillez à ce que l'envers soit complètement recouvert de silicone, sinon le joint coulera sous la pièce une fois collée en place, en lui faisant perdre sa transparence. Le silicone peut être très difficile à retirer, aussi n'en déposez pas sur l'endroit des pièces ou sur vos mains. Le plus facile est d'appliquer le silicone avec un bâtonnet en bois.

2 Positionnez les pièces une par une sur le récipient en laissant des espaces d'environ 2-3 mm entre chacune d'elles. Appuyez les pièces fermement en place, en les gardant toutes au même niveau.

3 En commençant en haut du vase, placez une rangée de pièces de forme triangulaire autour du rebord, avec les pointes tournées vers le bas. Gardez les pièces près du bord car cela facilitera la pose du joint en haut du récipient. Posez une autre rangée au dessous, entre chaque pièce mais la pointe vers le haut.

4 Sous les triangles, ajoutez deux ou trois rangs de pièces carrées, en les espaçant régulièrement autour du récipient. Répétez le motif triangulaire et les rangées de pièces carrées autant de fois que nécessaire pour recouvrir le vase. Le même espacement sera appliqué en bas comme en haut; terminez par une rangée au ras de la base du vase. Laissez sécher une nuit avant de poser le joint.

Monter la coupe

1 Fixez une rangée de pièces rondes orange autour du rebord du vase comme précédemment. Sous cette rangée, fixez une rangée de perles en goutte d'eau coloris rouge.

2 Remplissez le reste de la surface avec un assortiment de pièces orange et rouges. Continuez avec le même motif ou posez-les au hasard jusqu'à ce que le vase soit recouvert. Laissez sécher une nuit avant de poser le joint.

Monter le grand vase

1 Avec une variété de formes et de couleurs, appliquez les pièces de mosaïque au hasard sur le vase. Une fois que toute la surface est recouverte, laissez sécher une nuit avant de poser le joint.

Nettoyer le silicone

1 Bien que le silicone semble assez sec pour poser le joint au bout de quelques heures, laissez-le sécher une nuit pour être sûr que les pièces sont bien fixées.

2 Avec un bâtonnet en bois, retirez délicatement le silicone séché qui aurait giclé sur les pièces.

Poser le joint

1 Le joint peut irriter les yeux et la peau, aussi il vaut mieux porter des gants en caoutchouc lors de la pose.

2 Mélangez la poudre de joint noire avec de l'eau, ajoutez une cuillère à la fois jusqu'à obtenir une pâte assez épaisse. Appliquez sur les pièces de mosaïque avec les doigts pour le faire pénétrer entre les espaces. Nettoyez tout le joint en excédent, puis lissez entre les pièces en soignant tout particulièrement le haut et la base du récipient. Laissez durcir le joint environ 10 mn avant de continuer.

3 Une fois que le joint a un peu durci, prenez une éponge humide pour nettoyer les pièces, une par une. Ne laissez pas l'éponge entrer en contact avec le joint sous peine de le retirer.

Présentez des fleurs dans ces vases en joaillerie ou servez-vous en de bougeoirs au moment de Noël.

4 Une fois que le joint a séché une nuit, prenez une brosse à dents souple pour retirer délicatement le joint séché sur le devant des pièces; pour nettoyer les bords, utilisez la pointe d'un bâtonnet en bois.

5 Enfin, lustrez les pièces de mosaïque avec un chiffon doux pour les faire briller.

6 Si les vases prennent la poussière, prenez un chiffon humide pour nettoyer la surface.

Sets de table de la ferme

Si vous avez envie de vous lancer dans la mosaïque, sans casser de la porcelaine ou des carreaux de faïence, ce projet est tout indiqué. Les pièces sont réalisées en plâtre synthétique dans un moule puis séchées lentement dans un micro-ondes. Pour ce faire, prenez un moule préformé ou n'importe quelle soucoupe plate passant au micro-ondes.

Matériel nécessaire

- Sets de table en liège de 30 x 23 cm
- Dessous de verre en liège de 11 x 11 cm
- Plâtre synthétique en poudre pour mosaïque
- Colorant pour joint : marron, jaune, turquoise clair, rouge, bleu clair, vieux rose et gris
- Moule pour mosaïque en plâtre ou soucoupe plate allant au micro-ondes
- Gobelet en plastique et eau chaude
- Papier-calque, crayon et stylo à encre de Chine
- Colle carrelage en pâte
- Vernis acrylique
- Cuillères à soupe et ciseaux
- Éponge et gants en caoutchouc

Reporter le motif

1 D'après les dessins des p. 34 et 35, faites un patron des motifs de la poule et du canard. Découpez les formes et posez-les au centre de chaque set de table. Dessinez autour avec le stylo à encre de Chine.

2 Renouvelez l'opération pour le motif de la fleur de la p. 33, en plaçant la fleur dans chaque angle des sets de table.

3 Pour les dessous-de-verre, placez le motif de la fleur au centre, puis dessinez autour avec un stylo à encre de Chine.

Réaliser les pièces

1 Versez environ 2 cuillères de plâtre dans le gobelet en plastique. Ajoutez une giclée de colorant sur la poudre; plus vous ajoutez de colorant et plus la couleur sera soutenue. Lors du mélange des couleurs, n'oubliez pas que le plâtre éclaircira légèrement en séchant. Ajoutez suffisamment d'eau chaude pour obtenir la consistance d'une pâte épaisse, en mélangeant vigoureusement pour retirer les grumeaux.

2 Versez lentement le mélange dans le moule, mais ne remplissez pas jusqu'en haut. Vous pouvez utiliser un moule préformé pour mosaïque, que vous trouverez avec le plâtre synthétique, ou bien prendre une soucoupe plate. Tapotez légèrement le moule sur une table pour retirer les bulles

d'air. Essayez d'uniformiser le niveau, plus la surface sera lisse et plus cela facilitera la planéité de votre travail.

3 Laissez sécher les pièces dans le moule ou la soucoupe pendant 1h à 1h30. Le plâtre sera sec au toucher mais toujours humide dessous.

4 Retournez le moule ou la soucoupe sur l'envers, sur un morceau de papier absorbant. Si vous avez utilisé une grande assiette, pressez doucement sur les bords puis retournez pour démouler le plâtre.

5 Placez les pièces en plâtre sur du papier absorbant, dans un micro-ondes. Réglez le micro-ondes au minimum ou sur décongélation, n'utilisez jamais un réglage moyen ou fort. Ne placez pas le moule plastique dans le micro-ondes. Cuisez pendant 3 mn, attendez 1 mn, cuisez pendant 3 mn. Laissez refroidir complètement. Ou bien, laissez sécher naturellement une nuit.

6 Lorsqu'elles sont sèches, utilisez les pièces telles quelles ou bien découpez-les au hasard avec les ciseaux. Ne gardez pas de trop grandes pièces qui seraient difficiles à imbriquer.

7 Préparez les quantités nécessaires de chaque couleur pour le motif. Essayez de vous souvenir de la quantité de colorant ajoutée à la poudre, pour que chaque fournée soit à peu près de la même couleur. Au fur et à mesure de la production des pièces, placez-les sur le motif, pour juger de la quantité requise. Les variations de couleurs se fondront dans le motif. Vous aurez besoin de plus de pièces pour le fond que des autres couleurs, ici le jaune et le turquoise clair. Faites des pièces orange en mélangeant du rouge et du jaune avec le plâtre, et un peu de rouge avec le marron pour obtenir un marron rouille pour le corps de la poule.

Monter la poule

1 Prenez des pièces marron rouille pour le corps de la poule, avec du marron foncé pour accentuer les ailes, de l'orange pour les pieds et le bec, du rouge pour la crête, du vieux rose pour le cœur des fleurs et du bleu ou du vieux rose pour les pétales. La zone immédiatement

autour de la poule est remplie de jaune, le reste du set de table est recouvert de turquoise clair.

2 Lors du montage des pièces, travaillez sur une partie du motif à la fois. Appliquez une couche fine de colle carrelage en pâte sur le dos des pièces de mosaïque, et une petite quantité sur le set de table. Appuyez la mosaïque encollée à sa place en la gardant de niveau. Laissez un petit espace entre chaque pièce avec un espace plus large tout autour de la poule ou des fleurs pour les faire ressortir. Laissez sécher complètement.

Montage du canard

1 Le corps du canard est rempli avec de la mosaïque grise, avec une ligne de pièces bleues pour dessiner les ailes. Le bec et les pieds sont orange; prenez une petite pièce marron foncé pour l'œil, du jaune pour le cœur des fleurs et du vieux rose pour les pétales.

Dessous de verre

1 Posez des pièces de mosaïque bleue ou vieux rose sur le motif de la fleur, avec différentes couleurs pour le cœur. Terminez le fond de chaque motif avec du jaune ou du turquoise clair. Si vous avez préparé trop de pièces colorées pour les sets de table, vous pouvez les utiliser pour monter les fleurs. En raison de la petitesse des surfaces, ne vous inquiétez pas si les pièces ne suivent pas exactement les tracés.

Poser le joint

1 Laissez sécher les sets une nuit. Mélangez de l'eau avec le joint en poudre, jusqu'à obtenir la consistance d'une pâte épaisse.

2 Avec des gants en caoutchouc, étalez le joint avec les doigts sur la surface des sets. Retirez l'excédent de joint avec un couteau puis essuyez avec une éponge.

3 Une fois sec, lustrez tout le joint séché avec un chiffon doux pour révéler les couleurs véritables des pièces de mosaïque.

Vernir les sets

1 Vernissez la surface des sets et des dessous-de-verre avec plusieurs couches de vernis acrylique. Laissez sécher complètement entre chaque couche.

Faites un patron de la fleur ci-dessous pour en reporter le tracé sur le dessous-de-verre.

Faites un patron de ce motif de canard pour en reporter le tracé sur le set de table.

Faites un patron du motif de poule ci-dessus pour en reporter le tracé sur le set de table.

Mosaïque de bord de mer

Les coquillages peuvent être utilisés à la place des grands pavés ronds pour réaliser des marches de jardin, ils peuvent décorer un patio ou bien animer le sol d'une véranda. Si vous préférez un décor plus petit, recouvrez un pied de lampe en céramique avec des cailloux d'aquarium, en ajoutant un abat-jour décoré de coquillages.

Si vous souhaitez appliquer ce motif pour un dessus-de-table, coupez du MDF à la dimension, et traitez le dessus avec une fine couche d'un mélange de colle et d'eau avant de fixer les coquillages et les cailloux avec une colle époxy à deux composants.

Matériel nécessaire

- Coquillages
- Cailloux brillants et plats
- Gravier d'aquarium multicolore
- Pied de lampe en céramique
- Ciment prêt à l'emploi
- Briques dures cassées ou petits cailloux
- Colle époxy à deux composants, bâtonnet en bois et spatule
- Joint à carrelage et gants en caoutchouc
- Papier blanc, crayon et stylo à encre de Chine
- Ruban à masquer, bol d'eau et éponge
- Auge et truelle

Préparer le motif

1 Coupez un morceau de papier blanc à la dimension terminée de votre mosaïque. Lavez les coquillages, les cailloux et le gravier à l'eau chaude savonneuse et séchez soigneusement. Placez le papier à côté de l'emplacement définitif de la mosaïque. Posez les coquillages et les cailloux sur le papier, en suivant scrupuleusement la photo de la p. 38 ou bien d'après votre inspiration.

Préparer les marches de jardin

1 Dégagez un rectangle de gazon un peu plus large que la dimension du papier. Retirez la terre sur une profondeur de 7,5 cm. Puis remplissez le trou sur une profondeur de 5 cm avec un fond dur fait de briques cassées ou de petits cailloux.

2 Versez un peu de ciment dans l'auge. Ajoutez de l'eau et mélangez en vous reportant aux instructions du fabricant.

3 Déposez le ciment dans le trou avec la truelle, en recouvrant le fond dur et en formant un niveau légèrement plus haut que le sol autour, cela évitera la formation de rides lors du séchage.

Monter les marches de jardin

1 Pendant que le ciment est encore humide, dessinez le motif avec un bâtonnet en bois.

2 Retirez les coquillages un par un du papier et appuyez-les fermement dans le ciment.

Enfoncez les grandes pièces plus profondément pour uniformiser la surface. Répétez avec les cailloux plats et enfin avec le gravier d'aquarium.

3 Laissez sécher le ciment pendant plusieurs jours, avant de remettre en place la terre ou bien de balayer du sable sur la surface et autour des bords du ciment.

Préparer la lampe

1 Retirez le système électrique et le câble du pied de lampe.

2 Nettoyez le pied avec un chiffon humide pour retirer la poussière et les traces de gras.

Reporter le motif

1 Décalquez avec un crayon doux le poisson ci-contre. Vous pouvez le photocopier si vous voulez agrandir ou réduire le motif pour l'adapter à votre pied de lampe. Découpez le poisson puis, avec du ruban à masquer, fixez le patron sur le pied.

2 Dessinez autour du patron du poisson avec un stylo à encre de Chine.

Poser les cailloux

1 Triez les cailloux d'aquarium par couleur dans des pots à confiture, choisissez les pierres plates qui ont une forme régulière et qui sont presque de même taille.

2 Les cailloux seront fixés sur la lampe avec une colle à deux composants. Une fois mélangée, la colle reste malléable très peu de temps, aussi travaillez rapidement et avec de très petites quantités, en suivant les instructions du fabricant.

3 Étalez un peu de colle à deux composants sur le pied de lampe à l'emplacement du poisson, puis appliquez les cailloux de couleur claire sur la colle. Prenez un bâtonnet en bois pour appuyer les cailloux en place, en laissant environ 3 mm d'espace entre deux pour le joint. Prenez un caillou de couleur différente pour l'œil et la bouche.

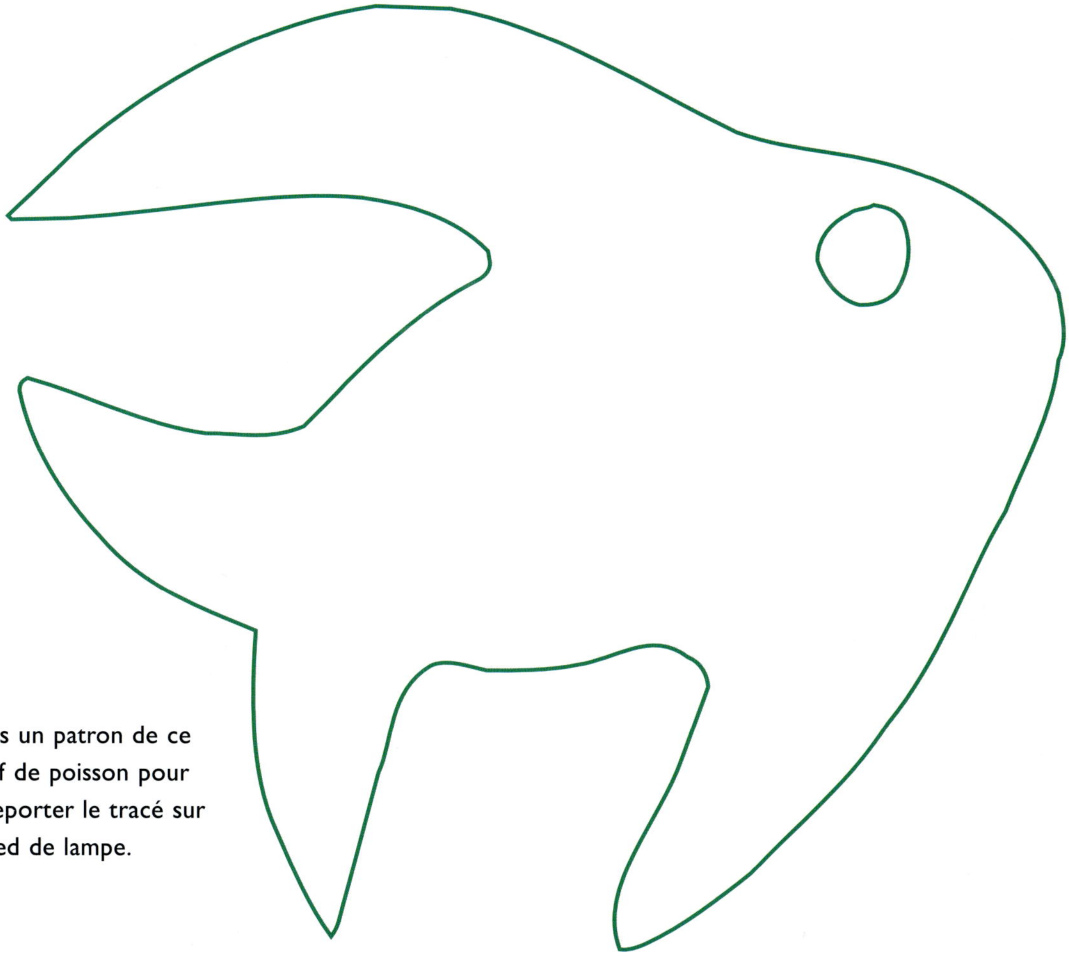

Faites un patron de ce motif de poisson pour en reporter le tracé sur le pied de lampe.

4 Remplissez la surface du fond de la même façon, en utilisant les cailloux de couleur plus foncée pour donner un effet granuleux.

Poser le joint

1 Portez des gants en caoutchouc, ajoutez lentement de l'eau à une petite quantité de joint en poudre jusqu'à obtenir une pâte épaisse et homogène, on compte environ trois vol. de poudre pour un vol. d'eau.

2 Étalez le joint sur les cailloux avec un bâtonnet en bois, une spatule ou les doigts, en poussant le joint à fond dans les espaces entre les cailloux. Laissez le joint sécher environ 10 à 15 mn, puis avec une éponge humide, nettoyez l'excédent. Continuez à rincer l'éponge à l'eau claire et nettoyez le joint jusqu'à ce que tous les cailloux soient nets.

3 Une fois sec, lustrez avec un chiffon doux toute la poudre qui reste sur les cailloux.

4 Reposez le système électrique, avant d'ajouter un abat-jour décoré avec des coquilles.

Balconnière et cache-pot

Éclairez votre maison avec cette balconnière en mosaïque aux couleurs vives, réalisée avec de la pâte de verre montée sur papier. Placez-la sur l'appui de votre fenêtre de cuisine et garnissez avec des plantes aromatiques, ainsi vous aurez toujours sous la main du persil frais, du basilic ou de la coriandre pour parfumer vos repas.

Matériel nécessaire

- Balconnière en bois
- Cache-pot en bois
- Carreaux de pâte de verre montés sur papier : bleu vif, bleu foncé, jaune, vert foncé, vert anis et orange
- Carreaux en céramique et porcelaine cassée
- Perles en verre en cabochon rond
- Petits décors en bois de nichoir
- Sous-couche pour bois
- Peinture décoration ou acrylique : vert, bleu, jaune, terre cuite et marron
- Ciment joint ou colle carrelage en pâte : blanc
- Colle PVA
- Vernis incolore polyuréthanne brillant
- Pince à tailler, petit racloir, cutter
- Papier quadrillé, crayons de couleur
- Morceau d'éponge, spatule, pinceau brosse
- Bol mélangeur, eau, masque, gants en caoutchouc

Le motif de la balconnière

1 Préparez le motif sur du papier quadrillé avec des crayons de couleur pour indiquer l'emplacement de chaque carreau. Posez sur un côté de la balconnière les carreaux bleu vif montés sur papier que vous utiliserez pour le fond des motifs. Coupez le panneau à la bonne dimension, en laissant le papier en place et les carreaux d'un seul morceau (voir p. 10). Préparez un second panneau.

2 Posez le panneau de carreaux sur le plan de travail, le papier au dessous. Retirez doucement certains carreaux pour faire place à ceux d'une autre couleur, en vous référant à votre plan.

Préparer la balconnière

1 Poncez toutes les aspérités sur la balconnière avec du papier de verre fin avant d'appliquer la sous-couche pour bois.

2 Percez des trous dans la base de la balconnière pour permettre à l'eau de s'évacuer, ou prenez un dessous de pot qui corresponde à l'intérieur de l'objet.

3 Avec deux couches de peinture glycéro ou acrylique de couleur, peignez la balconnière à l'intérieur et à l'extérieur sauf les parties qui seront couvertes de mosaïque.

Traiter les surfaces

1 Passez deux couches de vernis polyuréthanne sur les surfaces peintes, puis traitez les zones

restantes qui seront recouvertes avec la mosaïque d'un mélange d'un volume de colle PVA et trois volumes d'eau (voir Préparer les surfaces, p. 8). Laissez sécher une nuit.

Poser la mosaïque

1 Versez un peu de poudre de ciment joint dans un vieux bol puis ajoutez de l'eau par petites quantités jusqu'à obtenir une pâte épaisse et homogène; mélangez jusqu'à réduire tous les grumeaux.

2 Posez la balconnière sur le côté puis étalez la pâte en une couche d'environ 3 mm, ou pour un projet plus petit, prenez de la colle carrelage prête à l'emploi à poser sur l'envers des carreaux. Posez les carreaux, le papier vers le haut sur la partie enduite du bois, puis appuyez fermement en place.

3 Avec un cutter, découpez le papier au dessus des espaces où vous avez retiré un carreau.

4 En vous reportant au plan en couleur, collez les carreaux dans les espaces vides sur le côté de la balconnière. "Tartinez" l'envers de chaque carreau avec de la pâte ou de la colle avant d'appuyer en place. Renouvelez pour l'autre côté de la balconnière. Laissez sécher la colle une nuit.

5 Mouillez avec une éponge le papier marron qui recouvre les carreaux sur le devant et le dos de la balconnière, le papier se retirera facilement. Utilisez plus d'eau si le papier reste collé aux carreaux.

6 Décorez les poignées avec des morceaux de carreaux cassés. Portez toujours un masque de protection pour couper les carreaux en pâte de verre car ils se brisent en provoquant des éclats. Pour couper un carreau, tenez-le d'un côté entre le pouce et l'index. Du côté opposé, placez la pince à tailler en empiétant d'un quart, tournez la pince d'un coup sec pour casser le carreau. Répétez le procédé pour obtenir des pièces plus petites. Les pièces de mosaïque peuvent être très difficiles à couper précisément car elles ont tendance à se briser près d'un défaut, conservez les petits éclats car ils sont très utiles pour les endroits comme les poignées.

Décorer le cache-pot

1 Poncez finement toutes les aspérités du pot avec du papier de verre avant d'appliquer une sous-couche pour bois; laissez sécher.

2 Percez des trous dans la base du pot pour permettre à l'eau d'être drainée à l'extérieur.

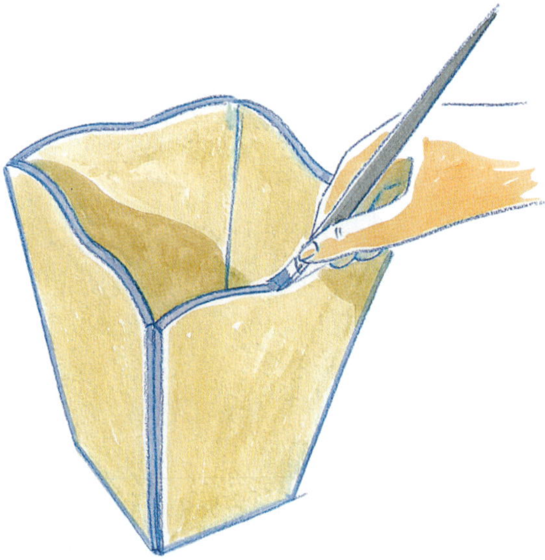

3 Peignez le bord supérieur, les angles et l'intérieur du pot avec deux ou trois couches de peinture. Peignez de la même façon les décors en

bois qui orneront le devant du pot. Lorsque c'est sec, protégez la peinture avec une couche de vernis polyuréthanne.

4 Traitez les côtés avec le mélange de colle PVA et d'eau utilisé pour la balconnière, laissez sécher.

5 Recouvrez les côtés du pot avec des carreaux entiers et cassés, de la porcelaine cassée, des perles en cabochon rond et les décors en bois peint. "Tartinez" l'envers de chaque pièce avec la pâte ou la colle avant de les appuyer en place.

Poser le joint

1 Ajoutez de l'eau au ciment joint ou au joint en poudre, pour obtenir une pâte lisse.

2 Appliquez le joint avec une spatule en caoutchouc ou les doigts, en le poussant dans les espaces entre les carreaux. Passez un doigt au ras des angles du pot et des poignées de la balconnière pour une finition nette en bordure, puis prenez une spatule pour retirer le joint en excédent. Avant que le joint soit sec, nettoyez plusieurs fois la mosaïque avec soin à l'aide d'une éponge humide.

3 Lorsque c'est presque sec, lustrez la surface de la mosaïque pour retirer tous les résidus. Laissez sécher complètement avant de lustrer les pièces à nouveau pour les faire briller. Si le joint a marqué les bords peints du pot ou de la balconnière, nettoyez avec un chiffon humide puis retouchez avec la peinture et vernissez à nouveau.

Tapis en mosaïque peinte

Ce tapis de bienvenue en forme de demi-lune a été habilement imprimé au tampon pour ressembler à une mosaïque. Il est facile à réaliser en quelques soirées; cette technique peut également être utilisée sur de grandes pièces de tissu pour créer un sol en fausse mosaïque.

Matériel nécessaire

- Tapis en tissu épais à tissage uni de 90 x 46 cm
- Peinture acrylique : blanc, citron, fuchsia, bleu pâle, bleu ciel, turquoise clair et turquoise
- Pâte en mousse adhésive double face : 12 x 25 cm
- Carton épais et solide
- Ciseaux, crayon, règle et carton
- Papier-calque et papier blanc
- Bloc en bois de 4,5 x 4,5 cm et de 3,5 x 3,5 cm
- Pinceaux et colle PVA
- Soucoupe pour mélanger les peintures, eau et papier absorbant

Dessiner les motifs

1 D'après le patron de la p. 47, décalquez les deux grands triangles qui forment la pointe de la grande étoile.

2 Posez les patrons sur le carton, puis dessinez les triangles, en reportant les lignes du motif, découpez les triangles. Ces deux triangles, placés côte à côte, forment une des huit pointes de la grande étoile, voir la photo ci-contre et le schéma plus bas.

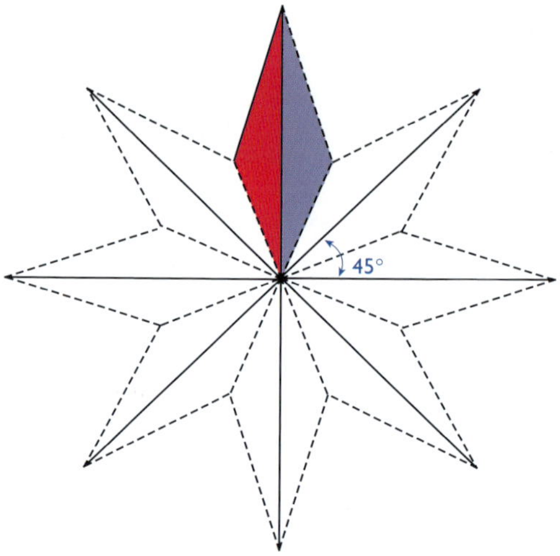

3 Sur un morceau de papier blanc, dessinez une étoile à huit pointes avec des angles à 45°. Placez les triangles en carton de chaque côté d'une des lignes dessinées et reportez le contour. Renouvelez pour les autres lignes en formant une étoile à huit branches. Découpez l'étoile. Les dimensions terminées de la grande étoile sont de 28 cm.

Dessinez une étoile à quatre pointes avec des angles à 90°, puis reportez tous ses tracés sur le tissu.

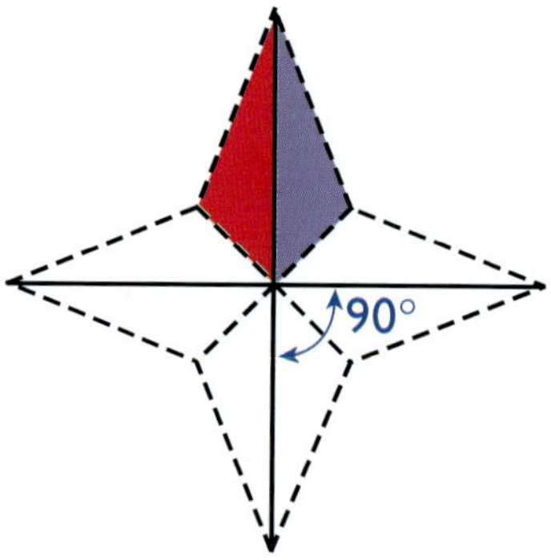

4 Dessinez la petite étoile de la même façon, une étoile à quatre pointes avec des angles à 90°. Découpez deux petits triangles dans le carton, puis utilisez-les pour dessiner l'étoile sur le papier blanc; découpez l'étoile. La dimension terminée de l'étoile est de 15 cm.

Reporter les motifs

1 Posez le patron en papier de la grande étoile au centre du tapis. Dessinez légèrement autour avec un crayon doux. Retirez le patron en papier et dessinez chaque ligne d'une pointe vers le centre, en divisant les pointes en triangles. Cela vous aidera à placer le tampon. Reportez la petite étoile de la même façon, en plaçant un motif de part et d'autre de l'étoile centrale.

Fabriquer les tampons

1 Prenez les deux triangles en carton que vous avez utilisés pour réaliser l'étoile à huit pointes, reportez leur contour sur un morceau de carton épais. Vous obtenez deux formes en vis-à-vis, une tournée vers la droite et l'autre vers la gauche.

2 Coupez la mousse adhésive en carrés de 12 mm. Retirez la pellicule de papier d'un côté, puis collez sur les triangles dessinés sur le carton. Laissez un petit espace entre chaque carré pour donner l'impression de pièces de mosaïque et faites dépasser les carreaux sur les bords. Coupez le carton et la mousse adhésive en suivant les tracés au crayon qui apparaissent entre les carrés, pour obtenir deux tampons triangulaires. Procédez de même pour l'étoile à quatre pointes.

3 Pour faciliter la prise en main lors de l'impression, collez plusieurs couches de carton sur l'envers de chaque triangle.

Peindre les motifs

1 Dans une soucoupe, mélangez du fuchsia et du bleu ciel pour obtenir une couleur lilas foncé.

2 Retirez la pellicule de papier qui recouvre les carreaux de mousse adhésive des tampons. Avec un pinceau, appliquez une couche de lilas sur chaque carré. Assurez-vous qu'il ne reste pas de peinture en trop entre les carreaux. Essayez le tampon en l'imprimant sur une chute de tissu, après une ou deux applications, la peinture va adhérer de mieux en mieux sur le tampon. Il faudra préparer plusieurs tampons si vous décidez d'imprimer plus de deux étoiles, car à l'usage, la peinture se dépose sur le tampon en donnant un motif flou.

3 Après plusieurs essais réussis, appliquez la peinture sur le tapis. Passez de la peinture lilas

sur le tampon en le rechargeant entre chaque application. Placez le bord du tampon le long du bord droit d'une pointe de l'étoile. Appliquez avec une pression uniforme sur toute la surface du tampon, puis soulevez délicatement. Appliquez à nouveau de la peinture et continuez tout autour de l'étoile en imprimant le tampon dans la partie droite de chaque pointe.

4 Pour terminer l'étoile, répétez le procédé avec le tampon de la partie gauche et la peinture fuchsia. Peignez les petites étoiles de la même façon.

Imprimer la bordure

1 Sur le grand bloc en bois, collez des carrés de mousse adhésive de 12 mm, en laissant un espace entre chacun d'eux; le bloc se compose de 9 carrés (3 x 3). Retirez la seconde pellicule de papier de chaque tampon, avant d'appliquer la peinture.

2 Peignez trois carrés sur le tampon dans chacune des couleurs suivantes, lilas, bleu ciel et fuchsia. Essayez le tampon comme précédemment puis imprimez-le sur le périmètre du tapis, en tournant le tampon pour changer la séquence des couleurs. Rechargez en peinture entre chaque application.

Imprimer la mosaïque centrale

1 Coupez neuf carrés en mousse adhésive de 10 mm de côté, puis collez-les sur un petit bloc en bois.

2 Avec le bleu ciel, le turquoise clair, le citron + le blanc, le fuchsia + le blanc et le turquoise + le blanc, peignez les carrés du tampon, faites un essai sur une chute de tissu puis imprimez fermement sur le tapis. Rechargez en peinture fraîche entre chaque application, pour que les couleurs soient imprimées uniformément. Travaillez sur le fond du tapis en retournant le tampon de temps en temps.

3 Lorsque le tampon doit être appliqué à un emplacement qui chevauche une autre zone déjà imprimée, protégez-la avec du papier. Le tampon va s'imprimer sur le papier et à l'endroit non protégé par le papier. Complétez le fond de cette façon, puis laissez sécher.

Protéger le tapis en mosaïque

1 Pour protéger le tapis du passage, passez plusieurs couches de colle PVA mélangée avec une quantité égale d'eau. Laissez sécher complètement entre chaque couche.

Donner l'aspect mosaïque

1 Du vernis relief donnera aux carreaux de mosaïque une apparence d'épaisseur mais ne doit pas être utilisé en zone de grand passage. Commencez au centre et travaillez vers l'extérieur, déposez une ligne de vernis juste au bord de chaque carreau de mosaïque. Remplissez le centre et laissez le vernis couler jusqu'aux bords. Laissez sécher une nuit.

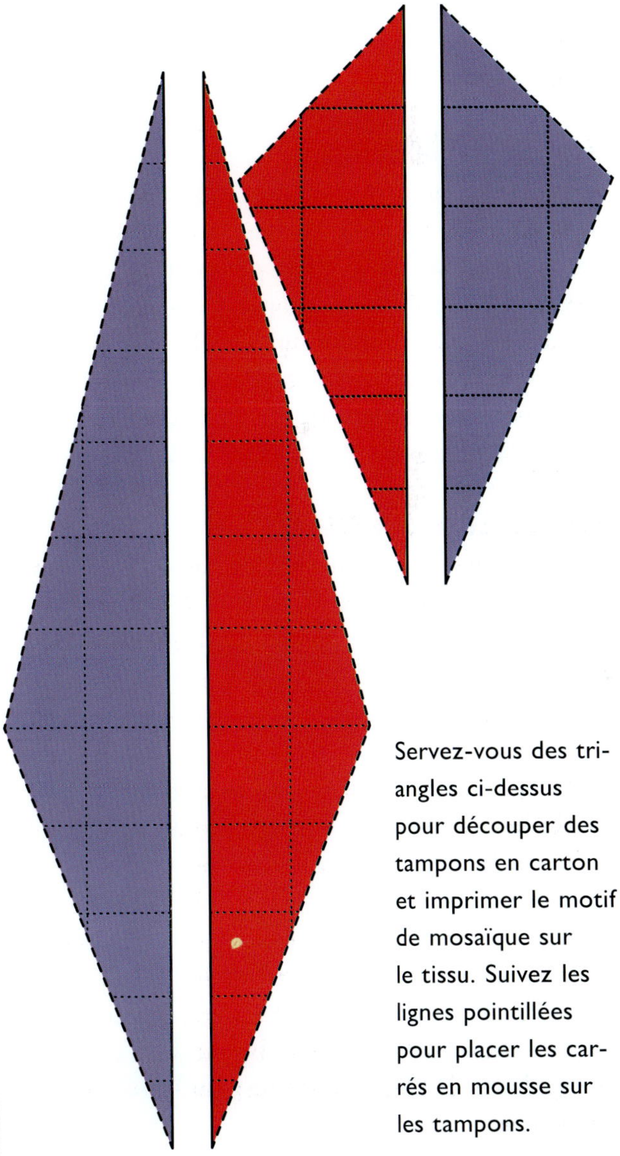

Servez-vous des triangles ci-dessus pour découper des tampons en carton et imprimer le motif de mosaïque sur le tissu. Suivez les lignes pointillées pour placer les carrés en mousse sur les tampons.

Motifs marins en papier

Avec cette méthode rapide et facile, créez un effet de fausse mosaïque sur des assiettes unies. Les pièces de mosaïque, découpées dans des papiers décoratifs, font appel à la technique simple du vernis relief pour leur donner un aspect en 3-D. En quelques heures vous obtiendrez un choix d'assiettes à poser sur une étagère ou une desserte.

On peut utiliser des assiettes anciennes en céramique pour ce projet : vaporisez chaque face de l'assiette avec une sous-couche acrylique et ensuite deux couches de peinture acrylique. ATTENTION : les assiettes décorées sont uniquement décoratives.

Matériel nécessaire

- Assiettes de 24 cm de diamètre
- Chutes de papier cadeau et papier peint
- Colle vernis pour découpage
- Vernis relief
- Pinceaux, brosse souple
- Papier blanc, crayon tendre et stylo à encre de Chine
- Chiffon, papier absorbant et bâtonnet en bois

Reporter le motif

1 Lavez les assiettes à l'eau chaude savonneuse et séchez soigneusement.

2 Posez le papier blanc sur les motifs du poisson, de la coquille et de l'étoile de mer des p. 51, 52 et 53. Décalquez soigneusement les tracés avec un crayon doux. Vous pouvez les photocopier si vous souhaitez ne pas marquer le livre ou si vous avez besoin d'agrandir ou réduire les motifs pour les adapter à vos assiettes.

3 Découpez les patrons, puis placez l'un d'eux au centre d'une assiette. Avec le stylo à encre de Chine, dessinez autour du patron pour reporter le contour. Ajoutez les détails à main levée, ou bien découpez le patron le long des tracés et reportez chaque ligne.

Préparer les pièces

1 Découpez au hasard le papier cadeau et d'emballage en pièces de mosaïque, pour figurer de la porcelaine cassée. Les papiers avec une texture et avec un motif moucheté ou marbré sont ceux qui rendent le mieux.

2 Placez les pièces en papier sur l'assiette, en laissant environ 3 mm entre deux et autour des motifs de l'assiette. Découpez les pièces au fur et à mesure, en les imbriquant dans les angles et les petites surfaces du motif.

Monter le poisson

1 Le poisson est réalisé sur une assiette jaune : mélangez ensemble des papiers de couleur saumon, orange, rouge et rose pour la tête du poisson et la queue, du papier blanc pour l'œil avec un rond gris foncé au centre, du gris clair pour la bouche et de l'orange pour la nageoire.

2 Pour le corps, utilisez deux teintes de papier vert clair mélangé avec quelques petites pièces mauve clair.

3 Montez le fond autour du poisson en dégradés de bleu vif.

4 Le rebord est réalisé en papier jaune, avec quelques pièces en orange foncé et mauve.

Monter l'étoile de mer

1 L'étoile est réalisée sur une assiette bleue, avec du papier jaune et de l'orange.

2 Montez le fond en dégradés de papier vert vif et le rebord en dégradés de bleu avec quelques petites pièces orange.

Monter la coquille

1 La coquille est réalisée sur une assiette verte par tranches, avec des dégradés de papier bleu, bleu pâle et vert d'eau en bandes alternées.

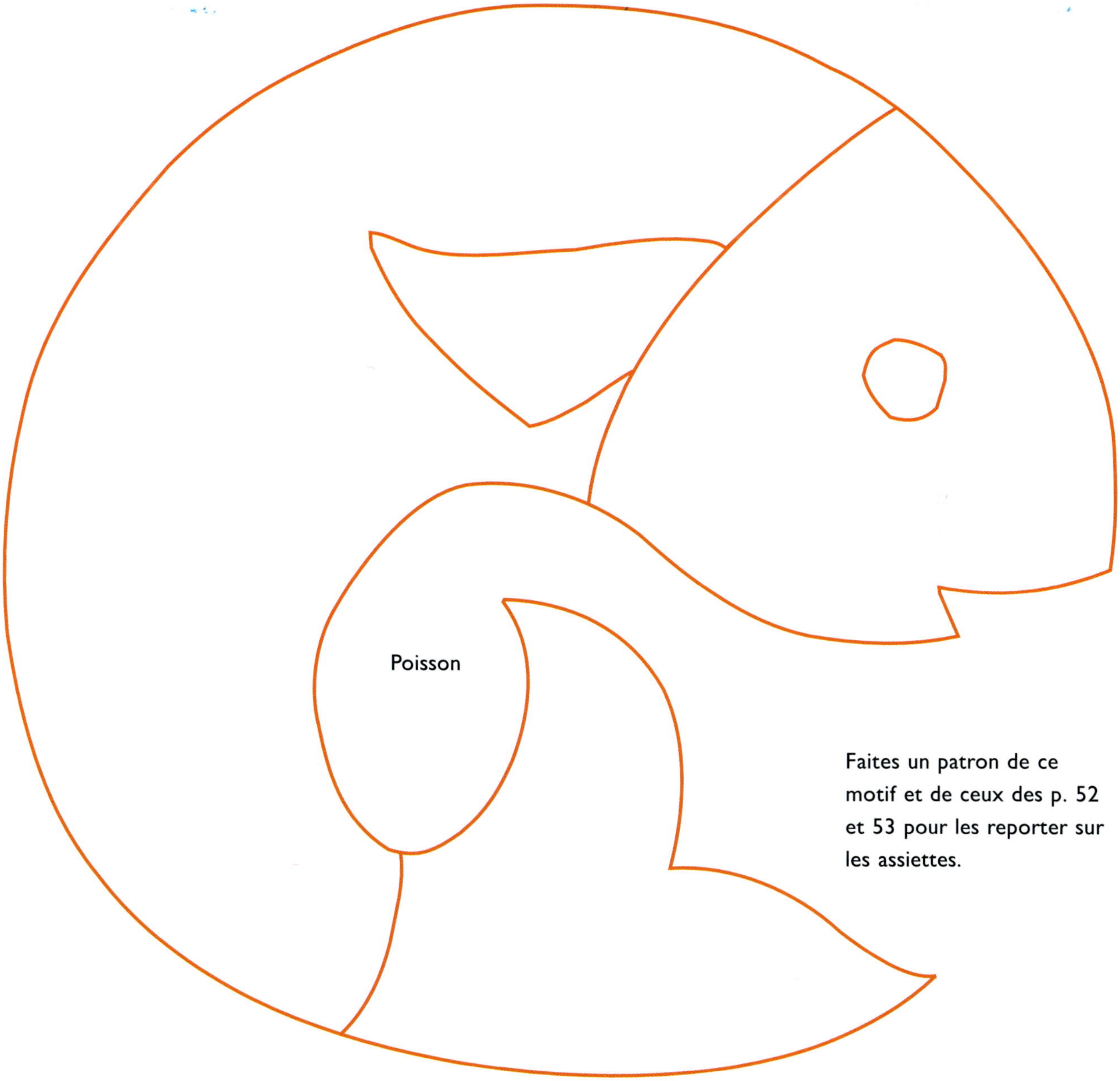

Faites un patron de ce motif et de ceux des p. 52 et 53 pour les reporter sur les assiettes.

2 Montez le fond en dégradés de papier jaune et orange pâle et le rebord en vert vif avec quelques pièces orange et jaune mélangées.

Coller les pièces

1 En commençant par le centre de l'assiette, fixez les pièces de mosaïque avec la colle vernis. Soulevez une pièce à la fois puis, avec le pinceau, appliquez une couche de colle sur l'envers du papier (voir Couper et coller p. 11). Remettez le papier en place sur l'assiette, puis avec les doigts, lissez la pièce pour retirer les bulles d'air tout en étalant l'excédent de colle sur les bords du papier. Retirez la colle en trop avec un chiffon doux. Laissez sécher l'assiette pendant environ 30 mn.

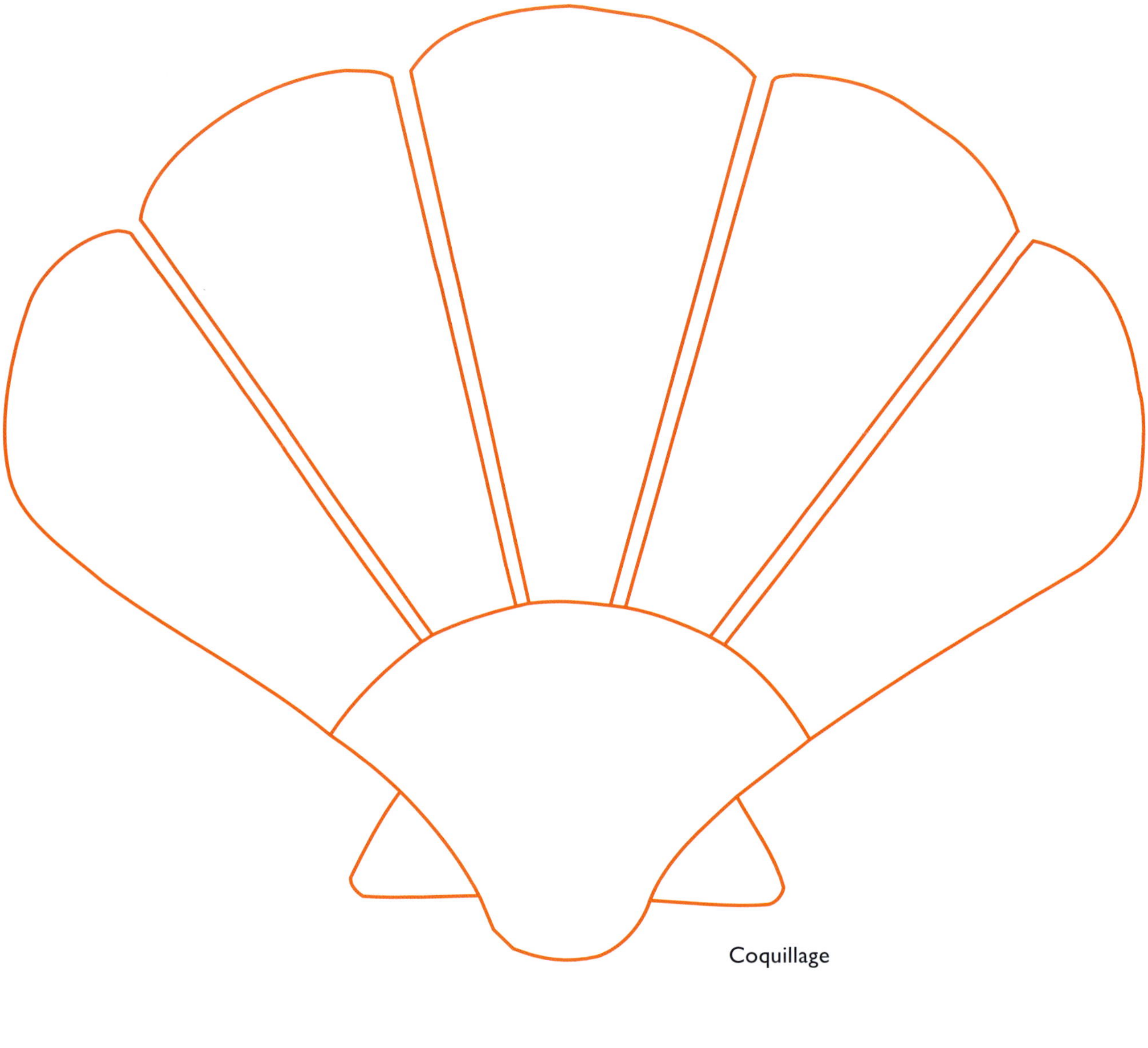

Coquillage

Finition des assiettes

1 Avec la brosse souple, appliquez une couche de colle vernis sur chaque face de l'assiette. Renouvelez après 20 mn, puis laissez sécher pendant 20 mn.

2 Pour donner de la profondeur aux pièces de mosaïque, il faut les recouvrir d'une couche de vernis relief pour qu'elles dépassent de la surface. Soyez très soigneux en utilisant le vernis relief, c'est un liquide transparent et fluide qui s'étale facilement sur le papier si on n'y prend pas garde. En commençant sur une pièce de mosaïque près du centre, déposez délicatement le vernis relief en formant une ligne de serti à l'intérieur au ras du bord du papier.

Étoile de mer

Prenez un bâtonnet en bois ou un coton tige pour retirer le vernis qui déborderait des bords du papier. Posez ainsi un serti sur toutes les pièces.

3 Laissez sécher le vernis relief pendant quelques minutes puis déposez délicatement une petite quantité de liquide au centre d'une pièce sertie : laissez le vernis couler jusqu'aux bords. Retirez le vernis qui déborde des sertis, avec un bâtonnet en bois ou un coton-tige. Recouvrez de la même façon toutes les pièces en papier puis laissez sécher pendant au moins 3 h.

4 Les assiettes ne seront utilisées qu'à titre décoratif. Pour les nettoyer, passez un chiffon sec et ôtez la poussière.

Plateau et boîte stylisés

Ce plateau et cette boîte stylisés faits de carreaux de faïence cassés, sont faciles à réaliser en juste quelques soirées. Des carreaux noirs, terre cuite, orange et blancs ont été cassés puis utilisés pour décorer un plateau en bois et une boîte. Vous n'aurez besoin d'aucun équipement spécifique, juste un marteau et de la force !

Matériel nécessaire

- Plateau en bois et boîte en carton avec couvercle
- Carreaux peu épais : terre cuite, orange, noir, blanc, camel et pierre
- Colle carrelage en pâte
- Joint à mosaïque
- Colorant ombre naturelle ou peinture acrylique
- Marteau, serviette usagée et masque
- Sac en plastique
- Plaque de coupe usagée ou chute de bois
- Crayon, règle, couteau de peintre et éponge
- Récipient pour chaque couleur de carreaux
- Pinceaux fins et bol d'eau
- Peinture décoration noire
- Vernis acrylique

Préparer le motif

1 Poncez la surface du plateau, puis nettoyez la poussière avec un chiffon humide.

2 D'après la photographie ci-contre, dessinez l'emplacement de la courbe noire en travers du plateau. Vérifiez qu'elle sépare équitablement la surface en deux parties.

Préparer les carreaux

1 Il vaut mieux porter un masque pour se protéger les yeux lorsqu'on casse des carreaux. Enroulez le carrelage noir dans une vieille serviette et, avec le marteau, cassez-le sur la plaque en bois, en petites pièces.

2 Lorsque vous déballerez les carreaux, vous trouverez que certaines pièces sont encore trop grandes. Placez le sac en plastique sur les pièces pour les voir et les casser individuellement avec le marteau, en pièces qui ne soient pas plus grandes que 1 cm.

Décorer le plateau

1 Avec le pinceau fin, appliquez une couche épaisse de colle carrelage sur la bande qui serpente au centre du plateau.

2 Étalez les pièces noires près du plateau, cela vous facilitera le travail pour choisir la bonne forme correspondant à un emplacement plutôt que de compléter un puzzle.

3 Lorsque que la colle du plateau est sèche mais encore collante, étalez de la colle sur l'envers de chaque pièce avant de les poser à leur emplacement. Travaillez jusqu'à recouvrir complètement la bande noire. Si la colle sur le plateau est sèche, ajoutez-en et attendez qu'elle durcisse un peu avant de poser les pièces.

4 Cassez les autres carreaux de la même façon, puis triez les différentes couleurs dans des récipients séparés.

5 Pour placer le petit carré au centre de chaque moitié, mesurez la largeur et la hauteur de chaque partie et, au croisement des deux lignes, dessinez un petit carré de 4 cm environ. Cherchez quatre pièces camel de forme géométrique, collez-les en place.

6 Étalez la colle sur cette moitié du plateau. Posez les pièces orange et terre cuite sur le fond.

7 Travaillez avec les deux couleurs en les mélangeant tout autour du carré camel.

8 Faites un petit carré dans l'autre moitié avec quatre pièces de couleur orange. Appliquez la colle sur le plateau et ensuite, avec les pièces camel, blanches et ton pierre, garnissez le reste du plateau.

9 Laissez sécher au moins 24 h avant de poser le joint.

Poser le joint

1 Mélangez le joint avec suffisamment d'ombre naturelle pour obtenir un ton beige soutenu. Ajoutez l'eau jusqu'à obtenir un mélange bien liquide. Ou bien, mélangez le joint avec de l'eau et ajoutez un peu de peinture acrylique ombre naturelle au mélange.

2 Avec le couteau, étalez le joint sur le plateau, en le poussant bien à fond dans les interstices.

3 Nettoyez le plateau avec un chiffon humide pour retirer le joint en excédent. Laissez sécher pendant 24 h, puis nettoyez à nouveau. Lustrez avec un chiffon doux pour faire briller les carreaux.

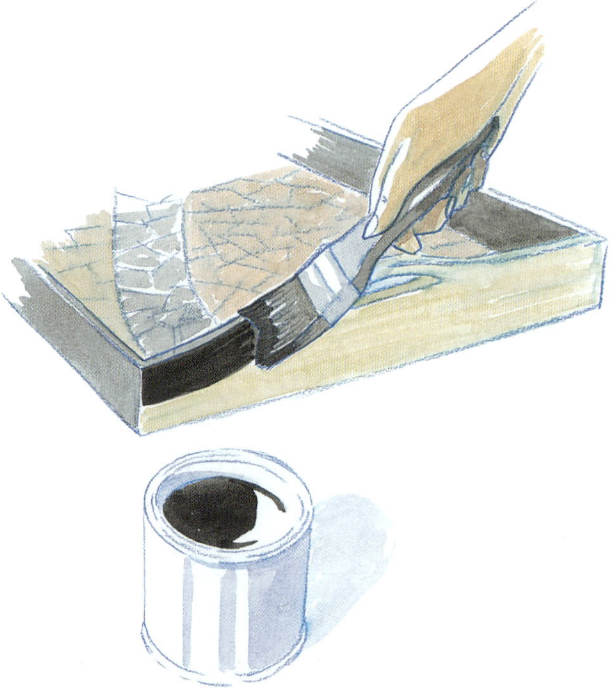

4 Peignez les parois du plateau avec la peinture décoration noire.

5 Lorsque c'est sec, vernissez les côtés peints du plateau avec le vernis acrylique. Ne vernissez pas la mosaïque.

Décorer la boîte

1 Avec un crayon et une règle et en vous reportant à la photographie ci-dessus, dessinez un grand carré et un petit sur le couvercle de la boîte.

2 En suivant les explications données pour le plateau, collez deux carrés de pièces terre cuite sur le couvercle. Remplissez le fond avec un mélange de pièces camel, blanches et ton pierre.

3 Pour les côtés du couvercle, collez une rangée de carreaux noirs autour du sommet et des pièces terre cuite au dessous. Choisissez des pièces avec un bord droit pour une finition nette de la boîte.

4 Garnissez la partie basse du couvercle avec des pièces plus claires. Laissez sécher la boîte pendant 24 h.

Poser le joint

1 Mélangez le joint comme pour le plateau, puis étalez-le sur le couvercle. Formez une arête droite dans les angles et à la base en passant le doigt dans le joint encore humide. Laissez sécher pendant 24 h.

2 Peignez entièrement la boîte avec la peinture décoration noire. Peignez une ligne noire autour de l'arête en haut et à la base du couvercle.

3 Lorsque c'est sec, vernissez les zones peintes avec le vernis acrylique. Pour nettoyer le plateau et la boîte, nettoyez avec une éponge humide, puis lustrez avec un chiffon doux.

Nichoirs mosaïque en bois

On a utilisé des formes prédécoupées en bois de balsa pour créer un motif de mosaïque sur cette jolie mangeoire à oiseaux et ce nichoir. Les formes, que l'on trouve dans la plupart des magasins de loisirs créatifs, peuvent être peintes ou vernies puis collées en place avant de poser un joint.

Matériel nécessaire

- Mangeoire et nichoir à oiseaux en kit (dans la plupart des magasins de loisirs créatifs)
- Formes de mosaïque en bois de balsa
- Colle à bois
- Papier blanc et crayon
- Peinture acrylique : cerise, orange, turquoise, bleu roi, bleu clair, lilas, terre cuite et jaune
- Pinceaux
- Vernis d'extérieur incolore
- Joint blanc
- Gants en caoutchouc et eau
- Récipient pour mélanger le joint

Préparer les motifs

1 Avant de monter la mangeoire ou le nichoir, choisissez l'emplacement des pièces de mosaïque en bois. Posez les parties à décorer sur du papier blanc (dans ce projet, on a décoré les toits) et dessinez tout autour au crayon pour réaliser un patron.

2 Posez les formes en bois sur le patron et lorsque la composition vous convient, reportez le contour de chaque pièce.

3 Si vous décorez une grande surface, écrivez un chiffre sur l'envers de chaque pièce en bois qui correspondra à un numéro sur le patron. Placez les formes pour qu'elles s'imbriquent les unes dans les autres, en laissant des espaces entre deux sauf près des bords.

Assembler les kits

1 Assemblez la mangeoire ou le nichoir en vous reportant aux instructions du fabricant; ne posez aucune décoration qui encombrerait les zones qui seront recouvertes de mosaïque.

Peindre les formes

1 Peignez les formes en bois d'un côté avec deux ou trois couches de peinture acrylique, en variant les couleurs, laissez sécher entre deux, puis ajoutez une couche de vernis d'extérieur incolore pour protéger la peinture.

Monter les motifs

1 Peignez la mangeoire ou le nichoir avec deux ou trois couches de peinture acrylique sur les zones qui ne seront pas recouvertes de mosaïque, puis laissez sécher plusieurs heures. La mangeoire est peinte en deux teintes d'orange, et le nichoir en jaune avec des touches de lavande et d'orange.

2 Avec un pinceau moyen, appliquez de la colle à bois sur l'envers d'une pièce en bois. En suivant le patron, appuyez fermement la pièce en place, en la tenant pendant quelques secondes jusqu'à ce que la colle commence à sécher. N'appliquez pas trop de colle, elle pourrait baver sur la pièce, essuyez l'excédent avec un chiffon. Renouvelez l'opération pour les autres pièces, jusqu'à recouvrir toute la zone.

3 Les carrés et les triangles sur le nichoir sont peints en turquoise, vert, bleu, lavande, orange et jaune, les cœurs et les triangles sur la mangeoire sont en rouge cramoisi, jaune et deux teintes d'orange.

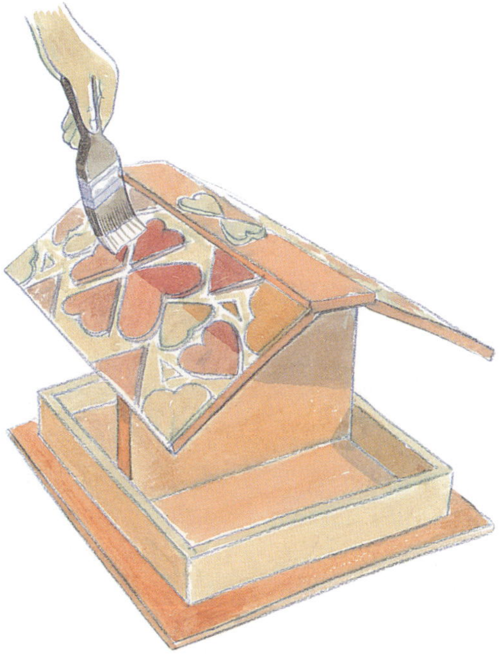

4 Peignez la mangeoire ou le nichoir avec une couche de vernis d'extérieur incolore. Le vernis doit complètement recouvrir les pièces de la mosaïque sinon le joint coulera sous les pièces. Laissez sécher une nuit avant de poursuivre.

Poser le joint

1 Mélangez le joint avec de l'eau pour former une pâte épaisse et homogène.

2 En portant des gants en caoutchouc, enfoncez le joint dans les espaces entre les pièces. Passez un doigt au ras des arêtes pour donner une finition lisse et nette.

3 Avant que le joint ne sèche, nettoyez la mosaïque avec un chiffon humide pour retirer l'excédent. Rincez le chiffon et renouvelez jusqu'à ce que la surface soit nette.

4 Si le joint a marqué les pièces en bois peint, il faudra les retoucher avec de la peinture.

5 Peignez la mangeoire ou le nichoir avec deux ou trois couches de vernis d'extérieur incolore.

Couper vous-même des pièces

1 Si vous avez des difficultés à trouver les formes en bois prédécoupées, vous pouvez les couper vous-même dans du bois de balsa à l'aide des patrons ci-dessous.

2 Dessinez les formes sur du papier blanc puis posez les patrons en papier sur du bois de balsa de 2 mm d'épaisseur (vendu dans les magasins de modélisme). Reportez le contour des formes sur le bois.

3 Posez le bois sur une plaque de coupe, puis découpez avec un couteau stylet bien aiguisé.

Servez-vous de ces motifs pour découper vos pièces de mosaïque en bois de balsa.

Remerciements

Je tiens à remercier les stylistes pour leur contribution à ces réalisations :
Table d'été (p. 14), Lynn Strange
Accessoires Coquilles d'œuf (p. 22), Cheryl Owen
Vases transparents en verre (p. 26), Jan Cox et John Underwood
Sets de table de la ferme (p. 30), Julie Cook
Mosaïque de bord de mer (p. 36), Martin Penny
Balconnière et cache-pot (p. 40), Susan Penny
Tapis en mosaïque peinte (p. 44), Lynn Strange
Motifs de la mer en papier (p. 48), Cheryl Owen
Plateau et boîte stylisés (p. 54), Kate Fox
Nichoirs mosaïque en bois (p. 58), Jan Cox et John Underwood

Un grand merci à Jon Stone pour ses photographies inspirées, à Lakeland Ltd pour l'ensemble de bureau, à Paul Fricker pour les carreaux de mosaïque en pâte de verre et à la Maritime Company pour la fourniture des bibelots utilisés dans les prises de vue.

Dans la même collection

Peinture sur céramique facile

Papiers décorés faciles

Tampons faciles

Pochoirs faciles

Peinture sur verre facile

Peinture sur soie facile

Notes